BEI GRIN MACHT SICH IHR WISSEN BEZAHLT

- Wir veröffentlichen Ihre Hausarbeit, Bachelor- und Masterarbeit

- Ihr eigenes eBook und Buch - weltweit in allen wichtigen Shops

- Verdienen Sie an jedem Verkauf

Jetzt bei www.GRIN.com hochladen und kostenlos publizieren

Timur Catalcali

Integration des E-Commerce in das Multi-Channel Marketing

GRIN Verlag

Bibliografische Information der Deutschen Nationalbibliothek:

Die Deutsche Bibliothek verzeichnet diese Publikation in der Deutschen National-
bibliografie; detaillierte bibliografische Daten sind im Internet über http://dnb.d-
nb.de/ abrufbar.

Dieses Werk sowie alle darin enthaltenen einzelnen Beiträge und Abbildungen
sind urheberrechtlich geschützt. Jede Verwertung, die nicht ausdrücklich vom
Urheberrechtsschutz zugelassen ist, bedarf der vorherigen Zustimmung des Verla-
ges. Das gilt insbesondere für Vervielfältigungen, Bearbeitungen, Übersetzungen,
Mikroverfilmungen, Auswertungen durch Datenbanken und für die Einspeicherung
und Verarbeitung in elektronische Systeme. Alle Rechte, auch die des auszugsweisen
Nachdrucks, der fotomechanischen Wiedergabe (einschließlich Mikrokopie) sowie
der Auswertung durch Datenbanken oder ähnliche Einrichtungen, vorbehalten.

Impressum:

Copyright © 2012 GRIN Verlag GmbH
Druck und Bindung: Books on Demand GmbH, Norderstedt Germany
ISBN: 978-3-656-40755-3

Dieses Buch bei GRIN:

http://www.grin.com/de/e-book/212272/integration-des-e-commerce-in-das-multi-
channel-marketing

GRIN - Your knowledge has value

Der GRIN Verlag publiziert seit 1998 wissenschaftliche Arbeiten von Studenten, Hochschullehrern und anderen Akademikern als eBook und gedrucktes Buch. Die Verlagswebsite www.grin.com ist die ideale Plattform zur Veröffentlichung von Hausarbeiten, Abschlussarbeiten, wissenschaftlichen Aufsätzen, Dissertationen und Fachbüchern.

Besuchen Sie uns im Internet:

http://www.grin.com/

http://www.facebook.com/grincom

http://www.twitter.com/grin_com

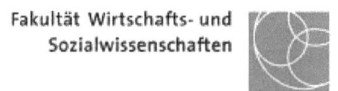

Integration des E-Commerce in das Multi-Channel Marketing

Große Hausarbeit

Lehrstuhl: Marketing
Hamburg, 22.11.2012

Timur Catalcali

Inhaltsverzeichnis

Abbildungsverzeichnis

Tabellenverzeichnis

Abkürzungsverzeichnis

Bspw..beispielsweise

Ebd..ebenda

E-Commerce ....electronic Commerce (elektronischer Handel)

Anhangsverzeichnis

1 Einleitung

1.1 Ausgangssituation und Problemstellung

Heut zu Tage gewinnen alternative Vertriebswege immer mehr an Bedeutung. Dieses liegt zum einen an den sich verändernden Kaufgewohnheiten der Konsumenten, da „die Verbraucher ihre Beschaffungskanäle nach der Bequemlichkeit und Verfügbarkeit der Produkte aussuchen"[1], und zum anderen unterliegen die vom Handel angebotenen Betriebsformen einem signifikanten Wandlungsprozess. Neue Absatzkanäle, wie beispielsweise der Absatz von Produkten in Sportstadien oder Shop-in Shop-Lösungen, werden eingesetzt bzw. ausgebaut. Der Vertrieb über das Medium Internet wurde durch die Entwicklung der Informations- und Kommunikationstechnologien ermöglicht und wird zunehmend als Absatzkanal eingesetzt.[2]

Der Einsatz elektronischer Medien, wie zum Beispiel des Internets, als alternativen Vertriebsweg wird als E-Commerce bezeichnet. Der Begriff E-Commerce wird definiert als „die elektronische Unterstützung, die in direktem Zusammenhang mit dem Kauf und Verkauf von Gütern und Dienstleistungen via elektronischer Netze in Verbindung stehen."[3] Dabei wird der Begriff E-Commerce in einem sehr weiten Verständnis verwendet. Oft zählt schon das auf einen Verkauf zielende Informationsangebot im Web zum E-Commerce oder auch die Unterstützung interner Geschäftsprozesse durch Informations- und Kommunikationstechnologien.[4]

Das Internet ist ein anhaltend wachsendes Medium, aber wie können die sich daraus ergebenden Chancen genutzt werden? Wie ist es möglich die Informations- und Kommunikationstechnologien in bestehende Unternehmen zu integrieren? „Unabhängig davon, ob sich ein Unternehmen Erträge durch den Internet-Einsatz verspricht, wird es durch die veränderten Kundenwünsche und durch Aktivitäten des Wettbewerbs zumindest gezwungen,

---

[1] Ahlert, Dieter/Evanschitzky, Heiner: Erfolgsfaktoren des Multi-Channel-Managements, Seite 3.
[2] Vgl. Ahlert, Dieter/Evanschitzky, Heiner: Erfolgsfaktoren des Multi-Channel-Managements, Seite 3.
[3] Wirtz, Bernd: Electronic Business, Seite 21.
[4] Vgl. Riehm, Ulrich: E-Commerce in Deutschland, Seite 39.

sich dem Thema zu stellen und Position zu beziehen."[5] Die Entwicklung der E-Commerce Umsatzes in Deutschland verdeutlicht dessen Bedeutung. Binnen 13 Jahren, in dem Zeitraum von 1999 bis 2011, hat sich der Umsatz mehr als verzwanzigfacht (siehe Abbildung 1).

Abbildung 1: E-Commerce-Umsatz in Deutschland 1999 - 2011 und Prognose 2012

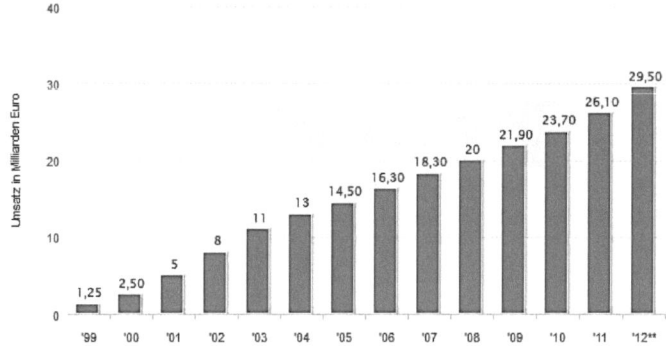

Quelle: Statista.de: http://de.statista.com/statistik/daten/studie/3979/umfrage/E-Commerce-umsatz-in-deutschland-seit1999/" (Zugriff: 03.11.2012)

Hat sich ein Unternehmen dazu entschlossen, das Internet als Absatzkanal nutzen zu wollen, muss geprüft werden wie sich dieses in das bestehende System einfügen lässt.

„The expectations of today's customers both at the business-to-customer (B2C) and business-to-business levels, to high channel choice, flexibility and an excellent buying experience are less likely satisfied by any one channel structure. To meet this expanded customer expectation, a variety of different channels, often both land-based and internet-based, is needed."[6] „Das Internet wird vor allem ergänzend wirken, nicht ersetzend. Deswegen wird nicht reines E-Commerce sondern Multi Channel-Marketing die Aufgabe der Zukunft sein."[7]

Multi-Channel-Marketing bezeichnet „den Prozess der Planung, Durchführung und Kontrolle aller Marketingaktivitäten in einem Mehrkanalsystem. Dabei sollen durch eine dau-

---

[5] Prof. Dr. Hurth, Joachim: „Multi-Channel-Marketing und E Commerce – zwischen Aktionismus und Mehrwert", Seite 7-8.
[6] Rosenbloom, Bert: "Marketing Channels: A Management View", Seite 6.
[7] Prof. Dr. Hurth, Joachim: „Multi-Channel-Marketing und E Commerce – zwischen Aktionismus und Mehrwert", Seite 8.

erhafte Befriedigung der Kundenbedürfnisse die Unternehmensziele verwirklicht werden."[8] Das bestehende Absatzkanalsystem kann komplett auf den Prüfstand gestellt werden.[9]

Der Einsatz mehrerer Absatzkanäle im Rahmen des Multi-Channel-Marketings ist mit erheblichen Risiken verbunden, welche sich aus der mangelnden Einbindung der verschiedenen Marketingkanäle, u.a. bedingt durch die hohe Komplexität des Systems, in ein einheitliches Mehrkanalsystem ergeben. Diese Risiken müssen bei der Integration des E-Commerce in das Multi-Channel-Marketing beachtet werden.[10]

1.2 Vorgehensweise und Ziel der Arbeit

Die Arbeit soll nun Aufschluss darüber geben in wie weit sich E-Commerce in das Multi-Channel-Marketing integrieren lässt und die sich ergebenden Herausforderungen genauer betrachten. Die Bedeutung des E-Commerce und dessen Entwicklung wurden bereits knapp in 1.1 aufgezeigt. Um diese Fragestellung beantworten zu können, werden im Folgenden das Multi-Channel Marketing und der Vertrieb näher beleuchtet. Es wird ein Überblick über die Kanäle gegeben und die Arbeitsweisen und Abläufe von Multi-Channel-Marketing genauer beschrieben. Anschließend werden die Funktionsweisen von E-Commerce und die Rolle in Marketing und Vertrieb näher dargestellt, wobei insbesondere auf das Grundkonzept, den Ablauf und die Herausforderungen von E-Commerce eingegangen werden soll. Ausgewählte Integrationsaspekte, wie beispielsweise Auswirkungen auf Kundenzufriedenheit und Servicequalität, der Herausforderungen und der Erfolgsfaktoren werden besonders gewürdigt.

---

[8] Vgl. Wirtz, Bernd: Multi-Channel-Marketing Grundlagen-Instrumente-Prozesse, Seite 11.
[9] Vgl. Prof. Dr. Hurth, Joachim: „Multi-Channel-Marketing und E Commerce – zwischen Aktionismus und Mehrwert", Seite 7-8.
[10] Vgl. Wirtz, Bernd: „Multi-Channel-Marketing – Grundlagen – Instrumente - Prozesse ", Seite 74-75.

3

2 Multi-Channel-Marketing und Vertrieb

Alle Entscheidungen und Handlungen, die im Zusammenhang mit dem Weg eines Produktes zum Endkäufer stehen, werden dem dritten Instrument des Marketing-Mix zugeordnet, der sogenannten Distributions- oder auch Vertriebspolitik.[11] Grundsätzlich handelt es sich dabei um Entscheidungen mit strategischem Charakter, aufgrund der relativ langfristigen Bindungen beispielsweise an andere Unternehmen. Ferner sind die Entscheidungen mit z.T. weitreichenden Konsequenzen auf die anderen Marketinginstrumente versehen. Die Preisgestaltung ist bspw. abhängig davon, ob über Fachgeschäfte oder Supermärkte abgesetzt wird. Zur Distributionspolitik gehören generell alle Entscheidungen bezüglich der Absatzwege und der Logistik.

2.1 Überblick über die Kanäle

Eine wichtige Entscheidung ist diejenige über den grundsätzlichen Absatzweg bzw. die vertikale Struktur der Absatzkanäle und die Zahl der Stufen im jeweiligen Absatzkanal. Bei der vertikalen Strukturierung unterscheidet man zwei grundsätzliche Möglichkeiten.

Eine Möglichkeit ist der direkte Vertrieb. Der Hersteller verkauft direkt an den Endabnehmer, ohne das Einschalten weiterer Absatzmittler. Besonders kleinere Hersteller oder der Vertrieb von Investitionsgütern erfolgt oftmals mittels dieses Systems. Mögliche Vertriebsorgane im direkten Vertrieb sind: Vertriebsabteilungen (insbesondere beim Vertrieb über Katalog oder Internet, z.B. im Versandhandel), eigene Vertriebs- bzw. Verkaufsstellen (z.B. Tchibo), Verkaufs- bzw. Vertriebspersonen, die im Auftrag des Herstellers die Produkte an den Endabnehmer verkaufen (vor allem beim Heimdienst oder bei Heimvorführsystemen, wie bei dem Haushaltsgeräteanbieter von Vorwerk). Einen Überblick wie der direkte Vertrieb gestaltet sein kann, zeigt Abbildung 2. Die Vorteile sind in der umfassenden Kontrolle, Steuerung sowie in der Sicherstellung einer gewissen hohen Beratungsqualität zu sehen. Des Weiteren ist der Verbleib der Handelsspanne beim Hersteller als Vorteil zu nennen. Die wesentlichen Nachteile sind die je nach Art der eigenen Vertriebsorgane relativ hohen Kosten und die fehlende Finanzierung der vertrieblichen Aktivitäten

---

[11] Vgl. Meffert, Heribert Burmann, Christoph/Kirchgeorg, Manfred: Marketing: „Grundlagen marktorientierter Unternehmensführung. Konzepte - Instrumente – Praxisbeispiele", Seite 575ff.

durch Absatzmittler, die geringere Marktabdeckung und die eingeschränkte Möglichkeit kurzfristiger Mengenanpassungen.[12]

Abbildung 2: Direkter Vertrieb

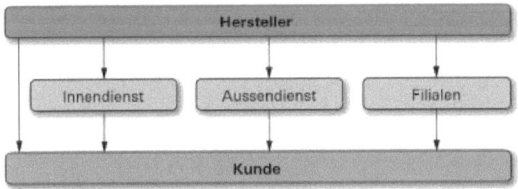

Quelle: Darstellung nach Pepels, Werner: „Einführung in das Distributionsmanagement", Seite 9.

Die andere Möglichkeit ist der indirekte Vertrieb. Der Hersteller liefert nicht direkt an den Endabnehmer, sondern hat ein oder mehrere Absatzmittler eingeschaltet. Hierbei werden die Funktionen des räumlichen, zeitlichen und sachlichen Ausgleichs zwischen Hersteller und Endabnehmer von dem Absatzmittler übernommen. Zu diesen Aufgaben gehören die Übermittlung von Informationen zum Produkt, die aktive Unterstützung des Verkaufs am Point of Sale, der Transfer des physischen Produkts und der damit verbundenen Zahlungsmittel als auch der rechtlichen Übertragung des Eigentums. Die Vertriebsform des indirekten Vertriebs ist vor allem im Konsumgüterbereich vorzufinden. Wesentliche Vertriebsorgane sind der Großhandel, die verschiedenen Varianten des Einzelhandels sowie selbstständige Vertreter. Die Länge des Distributionskanals ist abhängig von der Zahl der eingeschalteten Absatzmittler. Die wesentlichen Vorteile sind in der Möglichkeit eines flächendeckenden Angebots und der relativ günstigen Kostenstruktur für den Einzelnen zu sehen. Bedeutende Nachteile können aus einem möglichen Konfliktpotenzial zwischen Hersteller und Absatzmittler, entstehen, bspw. bei unterschiedlicher Preispolitik. Direkter und indirekter Vertrieb münden trotz verschiedener Absatzwege beim Endkunden. Zu diesen Absatzwegen zählen u.a. der stationäre Vertrieb, der Haustürverkauf, der Online-, Versand-, Markt- und der ambulante Handel. Der direkte und indirekte Vertrieb sind zwei Extremen, deren Grenzen oftmals fließend ineinander übergehen. In Abhängigkeit des Kundensegments können unterschiedliche Formen des Vertriebs zum Einsatz kommen. Man spricht dann von der Multi-Channel-Distribution.

---

[12] Vgl. Meffert, Heribert Burmann, Christoph/Kirchgeorg, Manfred: Marketing: „Grundlagen marktorientierter Unternehmensführung. Konzepte - Instrumente – Praxisbeispiele" , Seite 620ff.

Abbildung 3: Indirekter Vertrieb

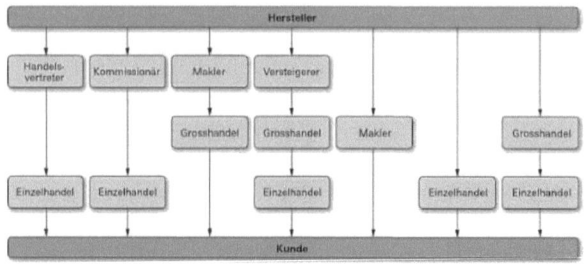

Quelle: Darstellung nach Pepels, Werner: „Einführung in das Distributionsmanagement", Seite 10.

2.2 Arbeitsweise und Abläufe

Der Begriff Multi Channel impliziert die Nutzung mehrerer Absatzkanäle. Es sollen unterschiedliche Kundensegmente mit verschiedenen Absatzkanälen bearbeitet werden. Dadurch soll eine breitere Abdeckung des Marktgebietes und eine bessere Erschließung von verschiedenen Zielgruppen, erreicht werden. Die Abhängigkeit von einzelnen z.T. sehr machtvollen Absatzmittlern kann reduziert werden. Unterschiedliche Kundengruppen sind häufig nur über bestimmte Absatzkanäle gut zu erreichen. Das hat dazu geführt, dass Unternehmen auf bis zu 6–7 verschiedenen Wegen ihre Produkte absetzen. Ein sehr ausgeprägtes Beispiel für den Multi-Channel-Vertrieb ist der Sportartikelhersteller Nike. Neben den Möglichkeiten des indirekten Vertriebs über den stationären Handel, z.B. die traditionellen Sportgeschäfte, nutzt Nike auch seit 1990 das Konzept der sog. Flagship Stores in Form seiner Niketown Stores. Ferner betreibt Nike über 200 Factory Stores, in denen vor allem Restposten aus der Produktion sowie Ware aus der vergangenen Saison verkauft werden. Darüber hinaus ist Nike aber auch im Internet mit einem Online-Shop vertreten. Ein indirekter Vertrieb erfolgt des Weiteren über Onlinehändler, wie z.B. Amazon oder Otto Versand, oder über virtuelle Marktplätze, wie z.B. bei eBay.[13] Visualisiert wird die Multi-Channel-Distribution von Nike in einer Abbildung im Anhang.

---

[13] Vgl. Meffert, Heribert Burmann, Christoph/Kirchgeorg, Manfred: Marketing: „Grundlagen marktorientierter Unternehmensführung. Konzepte - Instrumente – Praxisbeispiele" , Seite 579ff.

3 E-Commerce - Funktionsweise und Rolle in Marketing und Vertrieb

Im heutigen Sprachgebrauch wird der Terminus Multi Channel oftmals synonym mit dem Internet bzw. E-Commerce verwandt.[14] Wie bereits in unter 1.1 definiert, versteht man unter E-Commerce im engeren Sinne „die digitale Anbahnung, Aushandlung und/oder Abwicklung von Transaktionen zwischen Wirtschaftssubjekten."[15] Im Weiteren wird das Internet als Medium des E-Commerce betrachtet. Es hat Einfluss auf die Produkt-, Preis-, Distributions- und Kommunikationspolitik eines Unternehmens.[16] Beispielsweise sei hier Online-Werbung der Kommunikationspolitik genannt. In den weiteren Ausführungen wird sich auf die Distribution beschränkt.

3.1 Grundkonzept

Das Internet stellt für ein Unternehmen einen neuen Absatzkanal dar und kann als direkter oder indirekter Kanal genutzt werden. „Today, more websites focus on direct marketing, selling and services than on any other type of electronic commerce. Successes such as Amazon.com, Barnes and Noble, Dell Computers and the introduction of e-tickets by major airline have catalyzed the growth of this segment, proving the research and customer acceptance of the Internet."[17] Die Nutzung des Internets als direkten Absatzkanal erfordert den Einstieg von Herstellern materieller Produkte in den Versandhandel. Der Hersteller tritt über das Internet direkt mit dem Endkunden in Kontakt. Entsprechende Kapazitäten müssen bereitgestellt werden, welche mit zusätzlichen Kosten einhergehen. Der Eintritt in den Internetvertrieb für Hersteller immaterieller Güter scheint vor diesem Hintergrund verhältnismäßig lohnenswert zu sein. Beim Vertrieb durch indirekte Absatzkanäle werden weiterhin Absatzmittler eingesetzt. Der Hersteller tritt hier entweder via Internet mit Absatzmittlern in Kontakt, welcher ihrerseits mit dem Endkunden interagieren. Eine Kommunikation mittels beider Wege ist ebenfalls denkbar.[18] Verdeutlicht wird die Nutzung von E-Commerce als direkter und indirekter Absatzkanal in Abbildung im Anhang.

---

[14] Vgl. Prof. Dr. Hurth, Joachim: „Multi-Channel-Marketing und E Commerce – zwischen Aktionismus und Mehrwert", Seite 9.
[15] Vgl. Fritz, Wolfgang: „Internet-Marketing und Electronic Commerce", Seite 20.
[16] Vgl. Fritz, Wolfgang: „Internet-Marketing und Electronic Commerce", Seite 96ff.
[17] Goel, Ritendra: „E-Commerce", Seite 2.
[18] Vgl. Fritz, Wolfgang: „Internet-Marketing und Electronic Commerce", Seite 135-136.

3.2 Ablauf von E-Commerce

Der Einsatz des Internets als Absatzkanal kann zur Verdrängung des Handels (Disinter-mediation) und zur Veränderung der Wertschöpfungsketten (Reintermediation) im Handel führen. Die Disintermediation schaltet die Absatzmittler in der Wertschöpfungskette aus und ermöglicht die direkte Kontaktaufnahme der Hersteller mit dem Endkunden, wie es direkte Absatzkanäle vorsehen. Bei Reintermediation wird die traditionelle Wertschöpfungs-kette modifiziert und der klassische Absatzmittler ersetzt (eine Abbildung im Anhang dient zur Verdeutlichung). Die Anzahl der Intermediäre nimmt durch E-Commerce-Lösungen zu. Das bedeutet allerdings nicht, dass der traditionelle Handel komplett verdrängt werden muss. Vielmehr können E-Commerce-Lösungen dazu beitragen einzelne Handelsfunktio-nen besser und kostengünstiger umzusetzen. Beispielhaft sei für diese Funktionsbündelung die Informations- und Beratungsfunktion des Distributionsprozesses genannt. Branchen- und unternehmensfremde intelligente Agenten können dem Endabnehmer online eine Marktübersicht geben.[19]

3.3 Herausforderungen im E-Commerce

Die Herausforderung im E-Commerce ist vor allem beim stationären Vertrieb zu sehen. Dieser muss sich mit den Veränderungen beschäftigen. Die Anzahl der Absatzmittler nimmt zu. Für die bereits bestehenden Hersteller und Absatzmittler gilt es mit der Konkurrenz mithalten zu können. Die erforderlichen Investitionen sind mit Kosten verbunden. Bei den Kosten muss zwischen Bereitstellungs- und Betriebskosten unterschieden werden. Zu den ersteren zählen die sunk costs, wie Computerhardwarekosten. Die Betriebskosten umfassen die laufenden Kosten sowie Anbindungs- und Leitungskosten. Die Internetpräsenz kann als per Eigenerstellung oder über Fremdbezug realisiert werden. Die Vorteilhaftigkeit eines Interneteinsatzes ergibt sich aus dem Vergleich von Kosten und Nutzen für den einzelnen Anbieter.[20] Insbesondere die sunk costs stellen Markteintrittsbarrieren für den stationären Vertrieb dar.[21]

---

[19] Vgl. Fritz, Wolfgang: „Internet-Marketing und Electronic Commerce", Seite 138.
[20] Vgl. Specht, Günther/Fritz, Wolfgang: „Distributionsmanagement", Seite 214.
[21] Vgl. Moormann, Jürgen/Hillersheim, Martin/Metzler, Christian/Zahn, Christian: „Wertschöpfungsma-nagement in Banken", Seite 61ff.

4 Ausgewählte Aspekte der Integration von E-Commerce und stationärem Vertrieb

Der etablierte Handel begegnet der E-Commerce-Konkurrenz oftmals durch die Verfolgung einer Doppelstrategie, die den „Ausbau seiner traditionellen Kompetenz ebenso umfasst wie den Aufbau neuer elektronischer Kompetenz in Gestalt eigener Internet-Engagements."[22] Die Einführung eines neuen Vertriebskanals sollte die Erträge erhöhen, Kosten senken, die Kundenbindung stärken und helfen Neukunden zu gewinnen. Hierzu bedarf es vielen Entscheidungen bei der Integration eines neuen Vertriebskanals.[23]

Die Chancen von Mehrkanal-Systemen ergeben sich aus der Gestaltung des Distributionssystems. Zu den Chancen zählen folgenden Aspekte.

Wird lediglich ein einziger Absatzkanals eingesetzt, wird häufig nur ein kleiner Teil des anvisierten Marktes vom Anbieter erreicht. In andere Marktsegmente kann nicht oder nur unzureichend ein- bzw. vorgedrungen werden. Erst durch die Distribution über mehrere Absatzkanäle besteht die Chance den Zugang zum gesamten Markt zu haben. Gerade die Integration eines stark wachsenden Mediums in die Distribution verspricht, dass zusätzliche Marktsegmente angesprochen werden.[24] Das Internet ermöglicht es, dass Kundengruppen überregional akquiriert werden können. Die Integration von E-Commerce als zusätzlichen Distributionskanal zum stationären Vertrieb erlaubt es somit die Kundengruppen anzusprechen, welche durch den stationären Vertrieb nicht erreicht oder nur unzureichend beachtet werden können.

Kunden haben oftmals verschiedene Ansprüche an die Distribution, die teilweise eine zentrale Nutzenkomponente darstellt und mitentscheidend über einen Kauf sein kann. Um den verschiedenen Kundenbedürfnissen gerecht werden zu können, wird ein oder mehrere zusätzliche Absatzkanäle integriert. „Einzelne Absatzkanäle im Mehrkanal-System bieten Kundengruppen spezifische Leistungen und erhöhen dadurch den Kundennutzen. Zudem kaufen die gleichen Kunden je nach Situation in verschiedenen Kanälen."[25]

---

[22] Fritz, Wolfgang: „Internet-Marketing und Electronic Commerce", Seite 140.
[23] Vgl. Ahlert, Dieter/Evanschitzky, Heiner: „Erfolgsfaktoren des Multi-Channel-Managements", Seite 23ff.
[24] Vgl. Merx, Oliver/Bachem, Christian: "Multichannel-Marketing-Handbuch", Seite 7.
[25] Merx, Oliver/Bachem, Christian: "Multichannel-Marketing-Handbuch", Seite 8.

Ein zusätzlicher E-Commerce-Kanal ermöglicht es bspw. Berufstätigen mit ausgedehnten Arbeitszeiten ihre Einkäufe auch nach Ladenschlusszeiten zu erledigen.

Die Distribution verursacht branchenabhängig einen großen Anteil der produktbezogenen Gemeinkosten. Bei der erfolgreichen Integration eines zusätzlichen Distributionskanals können die anfallenden Gemeinkosten auf alle Absatzkanäle verteilt wird. „Mehrkanal-Systeme können dazu beitragen, Kosten zu senken und damit die Wirtschaftlichkeit der Distribution zu erhöhen."[26] Hierzu muss die Distribution in Form einer interdependenten Aufgabenverteilung erfolgen (siehe Punkt 4.3.1).

Ausgehend von der Idee der Einführung eines E-Commerce-Absatzkanals, zusätzlich zu dem bereits bestehenden stationärem Vertrieb, sollte zur Entscheidungsfindung auf die strategische Ebene geschaut werden. Auf Basis der Analyse der internen und externen Umwelt kann zum Beispiel ein Absatzkanal-Portfolio oder eine SWAT-Matrix zu Entscheidungsfindung erstellt werden um zu sehen, ob die Einführung eines E-Commerce-Kanals geeignet ist. Unter Punkt 4.3.1 wird hierzu ein Modell der Universität St. Gallen vorgestellt.

Die Bedeutung der Distributionspolitik ist vor allem darin zu sehen, dass die Kunden auch die Qualität und Zuverlässigkeit der Vertriebswege sowie die bequeme und ständige Verfügbarkeit von Produkten bei der Beurteilung eines Angebotes mit einbeziehen. Die Erfüllung der Ansprüche der Kunden in diesem Bereich ist mittlerweile eine Notwendigkeit für jeden Hersteller geworden.[27]

4.1 Auswirkungen der Integration auf Kundenzufriedenheit und Service Qualität

Im Wandel zum beziehungsorientierten Individualmarketing ist Service ein wichtiger Erfolgsfaktor. Die Begründung ist in der Servicefunktion als Marketinginstrument zu sehen. Die Erbringung von zusätzlichen Serviceleistungen kann bei einem bestehenden Kunden-

---

[26] Merx, Oliver/Bachem, Christian: "Multichannel-Marketing-Handbuch", Seite 7.
[27] Meffert, Heribert Burmann, Christoph/Kirchgeorg, Manfred: „Marketing: Grundlagen marktorientierter Unternehmensführung. Konzepte - Instrumente – Praxisbeispiele" , Seite 620ff.

stamm die Loyalität der Kunden steigern. Serviceleistungen sind ein wichtiges Individuali-
sierungs- und Beziehungsinstrument zur Steigerung der Kundenzufriedenheit. Über die
Kundenzufriedenheit soll die Kundenbindung gestärkt werden.[28] „Dabei sind immer wieder neue Wege und Formen des Service zu generieren, die eine Alleinstellung und eine
Differenzierung von den Wettbewerbern erlauben sowie eine stärkere Kundenorientierung
und –bindung gewährleisten, Ansatzpunkte hierfür können Online-Medien liefern."[29]

Grundlage für die weiteren Überlegungen ist die Annahme, dass die Zufriedenheit mit der
E-Commerce-Distribution eine Kundenzufriedenheit über alle Kanäle hinweg beim Kunden generieren kann. Ein solcher Effekt wurde mittels einer Studie nachgewiesen und wird
im Folgenden als gegeben angesehen.[30]

Da Service den Absatz der Kernleistung ermöglichen soll, ist dieser an externe Empfänger
ausgerichtet, hierzu zählen Endkunden und Absatzmittler. Die Möglichkeiten der Nutzung
von Online-Medien sind vielzählig und wird folgend beispielhaft an der Online-Beratung
und Inforation betrachtet, da diese integraler Bestandteil des Service sind. Es handelt sich
hierbei um die Weitergabe selektierter Informationen an den Kunden, die auf dessen In-
formationsbedürfnis abgestimmt sind. Dieses kann als On-Demand-Information, On-
Stock-Information oder als On-Delivery-Information erfolgen.

Typisch für On-Demand-Informationen sind Online-Hotlines bei denen E-Mail-Anfragen
der Kunden abgearbeitet werden. Die Antwort des Unternehmens erfolgt meist ebenfalls
per Mail und ermöglicht eine schnelle Bearbeitung der Kundenanfrage. Es gilt hierbei zu
beachten, dass die Kunden eventuell eine sehr hohe Erwartungshaltung bzgl. der Reakti-
onszeit haben. Verzögerte Reaktionen könnten zu Unverständnis führen und in Kundenun-
zufriedenheit münden. Ein Anbieter sollte sein ein hohes Service-Level gewährleisten
können, um diesen Umstand Rechnung zu tragen.

Bei On-Stock-Informationen sind die Frequently Asked Question (FAQ) Listen charakte-
ristisch. Diese können nach Bedarf vom Kunden bzw. Interessenten abgerufen werden. On-
Stock—Informationen sind meist recht oberflächlicher Natur und werden oftmals als Ba-
sisanforderungen vom Kunden erwartet. Die FAQs können dem Unternehmen allerdings

---

[28] Vgl. Bliemel, Friedhelm/Fassott, Georf/Theobald, Axel: „Electronic Commerce", Seite 358-359.
[29] Bliemel, Friedhelm/Fassott, Georf/Theobald, Axel: „Electronic Commerce", Seite 359.
[30] Vgl. Montoya-Weiss, Mitzi/Voss, Glenn/Grewald, Dhruv: "Determinats of Online Channel Use and Overall satisfaction With a Rational, Multichannel Provider", Seite 451ff.

leicht Aufschluss über mögliche Problemfelder geben. Hierzu ist es bspw. möglich auszuwerten wie oft welche Thematik durch die Kunden aufgerufen wird. Wird eine Thematik besonders häufig nachgefragt, lässt dieses Rückschlüsse auf Optimierungspotenzial des Produktes zu. Eine Verbesserung der Leistung hat ebenfalls wieder Auswirkungen auf die Loyalität der Kunden und die Kundenzufriedenheit.

Zu den On-Delivery-Informationen zählen Informations- und Nachrichtendienste, die die Kunden per E-Mail auf Neuerungen und Änderungen benachrichtigen. Inhalt können Benachrichtigungen über z.b. Update-Möglichkeiten und anstehende Wartungsarbeiten sein. Die Service-Mails können sehr individuell gestaltet werden und dienen einer stärkeren Kundenbindung.[31]

Insgesamt hat die Integration eines neuen Absatzkanals positive Auswirkungen auf die Kundenzufriedenheit, sei es da die Präferenzen der verschiedenen Kundengruppen bzgl. des Absatzkanals nicht homogen sind [32], aber auch durch erhöhte Servicequalität der Anbieter, ermöglicht durch die Kommunikation mittels Online-Medien.

4.2 Herausforderungen bei der Integration

Den großen Chancen der Integration stehen jedoch auch Risiken gegenüber. Diese sind vor allem auf eine ungenügende Abstimmung der Aufgaben zurückzuführen.

Durch den parallelen Einsatz mehrerer Kanäle kann es zu Irritationen bei den Kunden kommen.[33] Zu diesen Irritationen kann es bspw. kommen, wenn derselbe Kunde die Leistungen durch unterschiedliche Kanäle angeboten bekommt. Eine Überforderung der Kunden kann die Folge sein, da sie nicht in der Lage sind zu beurteilen, welches Angebot für sie vorteilhaft ist.[34] Bei der Integration eines E-Commerce-Kanals kann es zu Irritationen kommen, wenn einem Kunden ein Produkt im stationären Vertrieb und zusätzlich dasselbe Produkt auch via einen E-Shop angeboten wird. Das Irritationspotenzial erhöht sich, wenn die Produktangebote über die verschiedenen Kanäle unterschiedlich ausgestaltet sind.

---

[31] Vgl. Bliemel, Friedhelm/Fassott, Georf/Theobald, Axel: „Electronic Commerce", Seite 358-365.
[32] Vgl. Wirtz, Bernd: „Multi-Channel-Marketing", Seite 72.
[33] Vgl. Merx, Oliver/Bachem, Christian: „Multichannel-Marketing-Handbuch", Seite 8.
[34] Vgl. Ebd.

Die verschiedenen Absatzkanäle können zu Konflikten untereinander führen, da diese sich in direkter Konkurrenz sehen .Die Wettbewerbssituation des einzelnen Kanals erscheint bedroht durch einen neuen Kanal[35]. „Derartige Multikanal-Konflikte können kontraproduktiv auf die Beziehungen zu den einzelnen Absatzkanälen wirken. Zudem kann ein Wettbewerb zwischen den Kanälen die bestehenden Umsätze kannibalisieren und gleichzeitig den Aufwand in der Abstimmung steigern."[36] Diese Konflikte werden ebenfalls verstärkt, wenn die Ausgestaltung zum Beispiel in der Preispolitik je Distributionskanal variiert und der Produktpreis bei Bezug über den E-Commerce-Kanal geringer ist als bei dem des stationären Vertriebes.

Auch kann der Einsatz eines zusätzlichen E-Commerce Absatzkanals Auswirkungen auf die Loyalität der Kunden haben, da dieser die eine umfangreiche Suche nach dem gewünschten Produkt im Internet fördert.[37] Dieser Gefahr kann durch die verstärkte Bindung der Kunden an das Unternehmen über bspw. eine hohe Servicequalität begegnet werden.

Durch die hohe Komplexität des Systems ergibt sich die Gefahr der Einschränkung des Handlungsspielraums. Es müssen geeignete Steuerungsmechanismen zur Koordination implementiert werden. Die Komplexität erschwert die einheitliche Steuerung des Mehrkanal-Systems.

Jene Risiken müssen bei der Integration eines Multi-Channel-Systems beachtet werden, damit diese erfolgreich sein kann.

4.3   Erfolgsfaktoren der Integration

Ein erfolgreiches Multi-Channel-Management muss sich vor allem mit der Integration neuer Absatzkanäle, mit der Konfiguration des Absatzkanal-Mix und mit der Koordination des Mehrkanal-Systems auseinander setzen.[38] Hierzu wird im Folgenden ein Modell der St-Gallen-Universität zur erfolgreichen Integration eines Multi-Channel-Marketings aufgezeigt.

---

[35] Vgl. Morirarity, Moran: „Die Absatzhybriden sind da. Was tun damit?", Seite 98ff.
[36] Merx, Oliver/Bachem, Christian: "Multichannel-Marketing-Handbuch", Seite 9.
[37] Vgl. Neslin, Scott A.: "Challenges and Opportunities in Multichannel Customer Management", Seite 100.
[38] Vgl. Merx, Oliver/Bachem, Christian: "Multichannel-Marketing-Handbuch", Seite 9.

4.3.1 St . Gallen-Modell zur erfolgreichen Integration

Für ein erfolgreiches Multi-Channel-Management bietet sich ein dreistufiger Prozess an, der im Folgenden in seinen Grundzügen erläutert wird.[39] Kern des Prozess ist die Frage, welches Kundensegment das Unternehmen über welchen Absatzkanal bearbeiten möchte.

Abbildung 4: St. Gallen-Modell

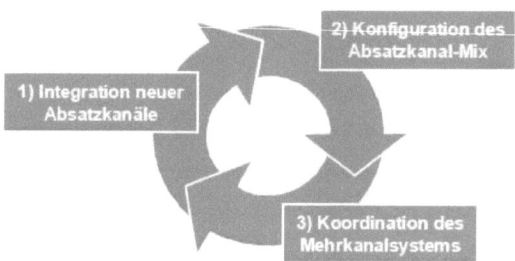

Quelle: Merx, Oliver/Bachem, Christian: „Multichannel-Marketing-Handbuch", Seite 10.

Am Prozessbeginn steht meist die Frage, ob neue Absatzkanal-Alternativen integriert werden sollen. Eine zentrale Herausforderung besteht also darin, neue Kanäle für das Mehrkanal-System zu identifizieren und erfolgreich in das Kanal-Portfolio zu integrieren. Hierfür bieten sich die nachfolgend beschriebenen Lösungsansätze an: Absatzkanal-Portfolios zur Bewertung und Auswahl neuer Absatzkanäle und Konzepte zur Einführung neuer Absatzkanäle in den bestehenden Absatzkanal-Mix.[40]

Dass einzelne Absatzkanäle aufgegeben werden sollten, kann ebenfalls die Konsequenz einer derartigen Analyse sein.

Absatzkanal-Portfolios zur Selektion und Bewertung:

Zur Entscheidungsfindung, welche Absatzkanäle künftig bearbeitet und wie in diesen Wegen langfristig gehandelt werden sollte, kann ein Absatzkanal-Portfolio, wie in Abbildung 5 dargestellt, zu Rate gezogen werden. Dieses betrachtet die verschiedenen Absatzkanäle in zwei Ebenen, der Unternehmens- und Wettbewerbssicht. Die horizontale Dimension

---

[39] Vgl. Merx, Oliver/Bachem, Christian: "Multichannel-Marketing-Handbuch", Seite 10ff.
[40] Vgl. Ebd.

zeigt die Wettbewerbssicht und die Durchdringung des Kanals bei den Anbietern einer Branche. Die vertikale Dimension zeigt die künftige Bedeutung aus Unternehmenssicht. Je nach Ausprägung in diesen beiden Dimensionen lässt sich der betrachtete Absatzkanal eine der vier typischen Positionen des Portfolios zuordnen. Bei der weiteren Vorgehensweise muss die Konsistenz zu der vom Unternehmen verfolgten Marketingstrategie beachtet werden.

Abbildung 5: Absatzkanal-Portfolio

Quelle: Merx, Oliver/Bachem, Christian: „Multichannel-Marketing-Handbuch", Seite 11.

Konfiguration des Absatzkanal-Mix

Wurde der zu intrigierende Absatzkanal durch das Absatzkanal-Portfolio ausfindig gemacht, gilt es, den einzelnen Absatzkanälen die zu erfüllenden Aufgaben innerhalb des Absatzkanal-Mix zuzuschreiben.[41] So soll das Zusammenwirken der Kanäle im Multi-Channel-System definiert werden. Diese werden hierzu in Wertketten gem. Porter Modelliert. „In Absatzkanälen übernehmen verschiedene Akteure einzelne Aufgaben, um die Produkte und Leistungen physisch und akquisitorisch den Kunden zur Verfügung zu stellen."[42] Diese Unterteilung wird in Abbildung 6 ersichtlich. Es lassen sich zwei Extremformen der Organisation des Multi-Kanal-Systems unterschieden.

---

[41] Vgl. Merx, Oliver/Bachem, Christian: "Multichannel-Marketing-Handbuch", Seite 13.
[42] Merx, Oliver/Bachem, Christian: "Multichannel-Marketing-Handbuch", Seite 13.

15

Abbildung 6: Wertschöpfungskette eines Distributionskanals

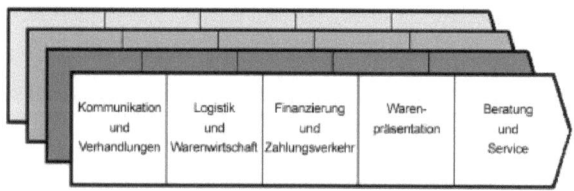

Quelle: Merx, Oliver/Bachem, Christian: „Multichannel-Marketing-Handbuch", Seite 12.

In der ersten Form, der autarken Aufgabenverteilung, nimmt jeder Absatzkanal seine Aufgaben, welche zur Bearbeitung eines Marktsegments notwendig sind, eigenständig wahr. Es wird eine Abhängigkeit der einzelnen Absatzkanäle untereinander vermieden. Durch die Vermeidung von Schnittstellen der einzelnen Kanäle können diese speziell auf die Anforderungen der Kundengruppen angepasst werden. Die Trennung kann von der Leistungstrennung bei der Distribution bspw. bei Fachhandel und Factory Outlet bis lediglich zur Trennung der Wertschöpfungsebenen reichen. Bei dieser werden zum Beispiel nur die Beratung und die Präsentation der Waren getrennt. Autarke Strukturen erscheinen geeignet, wenn die Strategie des Unternehmens es vorsieht, dass die verschiedenen Marktsegmente mittels verschiedener Absatzkanäle bearbeitet werden.

Bei der interdependenten Aufgabenverteilung werden die Distributionsaufgaben als integriertes System organisiert. Es bestehen somit Abhängigkeiten zwischen den einzelnen Absatzkanälen. Diese ist mit einer Vielzahl von Vorteilen, aber auch Herausforderungen und Risiken verbunden. Interdependente Koordinationsformen schaffen die Möglichkeit Skaleneffekte zu erzielen sowie höhere Margen durch die Vermeidung von Kanalkonflikten und stellen hohe Eintrittsbarrieren für potenzielle Wettbewerber dar. Hingegen schränken sie die strategische Flexibilität ein, sind mit hohen Investitionskosten verbunden und erschweren die Steuerung bedingt durch ihre Komplexität.[43]

Werden die Berührungspunkte zwischen den Absatzkanälen durch den Hersteller begünstigt, besteht eine Neigung zu einer interdependenten Aufgabenverteilung. Der Internetauftritt als zusätzlichen Kommunikationskanal eines Unternehmens kann hierbei der Information der Kunden dienen, während die persönliche Beratung und der Verkauf am Point of

---

[43] Vgl. Neslin, Scott A.: "Challenges and Opportunities in Multichannel Customer Management", Seite 106.

Sale erfolgen.[44] Der Kunde kann sich leicht über das Produkt informieren und der Anbieter sich auf die persönliche Beratung der Kunden konzentrieren.

Koordination des Absatzkanal-Mix

Im letzten Schritt steht die Umsetzung der Aufgabenverteilung im Vordergrund. Hierzu stehen spezielle Instrumente zur Verfügung. Die Mitarbeiter und Vertriebspartner müssen für die zu grundgelegte Aufgabenverteilung (autark oder interdependent) motiviert werden. Die Koordination dieser kann bspw. mittels eines Kreuzrasters dargestellt werden, während die Motivation durch Anreiz- und Konditionssysteme geschaffen werden kann. Ein Kreuzungsraster legt in einer Matrixform den Kaufentscheidungsprozess der Kunden in der horizontalen zu Grunde, während die verschiedenen Absatzkanäle in der vertikalen abgetragen werden. In der Matrix wird aufgezeigt, welches Kundensegment durch welchen Distributionskanal in der entsprechenden Phase des Kaufentscheidungsprozesses bearbeitet werden soll.

Die Motivation der Mitarbeiterkann durch ein Anreizsystem gestärkt werden. Die verschiedenen Kanäle dürfen nicht entgegen wirkend agieren. Das bedeutet, dass der Außendienst bspw. auch dann vom Hersteller eine Provision erhält, wenn der Kunde letztendlich den Kauf über einen anderen Kanal tätigt.[45]

4.3.2 Integration von E-Commerce und stationärem Vertrieb

Ist die Entscheidung auf strategischer Ebene gefallen und ein Konzept zur Integration eines zusätzlichen E-Commerce-Kanals erarbeitet, gilt es in der operativen Umsetzung die Kundenansprüche zu berücksichtigen. OC&C Strategy Consultants führte im Jahr 2001 eine Studie durch, welche sich mit den Ansprüchen der Kunden an das Shopping-Angebot im Einzelhandel beschäftigt.

---

[44] Vgl. Merx, Oliver/Bachem, Christian: "Multichannel-Marketing-Handbuch", Seite 10.
[45] Vgl. Merx, Oliver/Bachem, Christian: "Multichannel-Marketing-Handbuch", Seite 7ff.

Tabelle 1: Kundenansprüche an ein Shopping-Angebot

Merkmale eines Shopping- Angebot	Mittel - wert	Standard- abweichung
Sicherheit des Zahlungsverkehr	1,09	0,52
Schnelligkeit der Lieferung	1,45	0,67
Ansprechende Darbietung im Internet	1,88	0,85
Übersichtlichkeit des Angebots	1,60	0,73
Einfachheit der Bestellabwicklung	1,56	0,74
Geringer Preis	1,54	0,83
Großes Angebot	1,80	0,93
Gute Vergleichsmöglichkeit	1,70	0,85
Bequemlichkeit	1,86	0,93
Zeitersparnis	1,76	0,93
Diskretion	2,11	1,18
Rückgaberecht	1,43	0,77
Unkomplizierte Reklamationsabwick- lung	1,41	0,75
Versandkostenfreie Lieferung	1,62	0,90

Quelle: OC&C Strategy Consultants(2001): „Multichannel Retailing: der deutsche Einzelhandel steht noch am Anfang", Studie zitiert nach Ahlert, Dieter/Evanschitzky, Heiner: Erfolgsfaktoren des Multi-Channel-Managements, Seite 35ff.

In der Tabelle werden verschiedene Merkmale aufgeführt und bewertet. Je geringer der durchschnittliche Mittelwert, desto wichtiger ist das Merkmal für die befragten Kunden. Die Standardabweichung zeigt die Streuung der Ergebnisse auf. Bei einer geringen Standardabweichung und somit einer geringen mittleren Streuung liegt die Bewertung der Befragten nah beieinander. Eine hohe Standardabweichung lässt darauf schließen, dass das Merkmal sehr unterschiedlich beurteilt worden ist.

Die Merkmale lassen sich den zwei Anspruchsfaktoren „Kundenorientierung" oder „Vertrauen" zuordnen. Die Anbieter müssen bei der Gestaltung der Integration beachten wie sich diese Ergebnisse in der Gestaltung des Mehrkanal-Systems berücksichtigen lassen, um den Kundenbedürfnissen nachzukommen.

Beispielsweise die Anforderung nach Übersichtlichkeit und nach einem großen Angebot mit der Möglichkeit des Produktvergleichs lassen sich dem Faktor der Kundenorientierung zu ordnen.[46] Um diese in der Gestaltung der Absatzkanäle zu berücksichtigen, sollte das Angebot widerspruchsfrei gestaltet werden, damit der Kunde ein aufeinander abgestimmtes Sortiment, Preis und Service vorfindet. Das Sortiment muss nicht in den Absatzkanälen

---

[46] Vgl. Ahlert, Dieter/Evanschitzky, Heiner: „Erfolgsfaktoren des Multi-Channel-Managements", Seite 34.

18

gleich sein, aber sollte angeglichen werden und der Internetvertrieb die Schwerpunkte des stationären Vertriebs widerspiegeln. Ebenfalls sollte der Preis des angebotenen Produktes im Internet mit dem im stationären Vertrieb übereinstimmen. Unterschiedliche Preisstrukturen können problematisch bei der Rückgabe werden, wenn der Kunde ein online erworbenes Produkt im stationären Vertrieb reklamiert. Insbesondere die reibungslose Reklamation von Waren wird bei einer geringen Standardabweichung (0,75) als sehr wichtig bewertet (Mittelwert 1,41). Agiert ein Händler im Internet gegensätzlich zu dem Auftritt im stationären Vertrieb als Discounter kann dies zu Irritationen bei den Kunden führen. Handelt der Anbieter im stationären Vertrieb serviceorientiert, sollte dieses bei der Gestaltung des Internetauftritts berücksichtigt werden.[47]

Damit der Kunde auch auf die Vorteile der einzelnen Kanäle aufmerksam wird und diese auch nutzt, muss die Mehrkanalfähigkeit durch den Händler konsequent kommuniziert werden. Der Anbieter sollte auf die einzelnen Vorteile der Kanäle hinweisen und somit die Nutzung durch den Kunden stimuliert werden.

Im Internet sollte der stationäre Vertrieb aktiv präsentiert werden. Dieses kann durch Routenberechnungen zu den Filialen, sowie der Angabe der Öffnungszeiten und der Empfehlungen sich im stationären Vertrieb beraten zu lassen geschehen. Der Hinweis auf Sonderangeboten und Aktionen des stationären Geschäftes im Internet ist hierbei eine mögliche Ausprägung. Der stationäre Vertrieb sollte ebenfalls auf die anderen Absatzkanäle hinweisen.[48] Auf die Internetpräsenz kann bspw. durch die Abbildung der Internetadresse auf den Einkaufstüten, den Belegen und das Auslagen von Flyern hingewiesen werden. „Dieser Erfolgsfaktor findet sich ebenfalls in der Kundenorientierung wieder. So entspricht z.B. die Möglichkeit, direkt mit der Filiale Kontakt aufnehmen zu können der Kundenanforderung nach verschieden Lieferoptionen sowie dem Wunsch nach Bequemlichkeit."[49]

Ein erfolgreicher Ansatz im Multi-Channel-Management ist eine Verknüpfung von E-Commerce und stationärem Handel in der Form, dass die Ware online bestellt und anschließend im stationären Handel abgeholt wird. Die US-Firma Sears arbietet mit diesem Konzept. Der Einkauf wird online getätigt. Hierzu sie konnten einen E-Commerce-Kanal

---

[47] Vgl. Ahlert, Dieter/Evanschitzky, Heiner: „Erfolgsfaktoren des Multi-Channel-Managements", Seite 34ff.
[48] Vgl. Ahlert, Dieter/Evanschitzky, Heiner: „Erfolgsfaktoren des Multi-Channel-Managements", Seite 46ff.
[49] Ahlert, Dieter/Evanschitzky, Heiner: „Erfolgsfaktoren des Multi-Channel-Managements", Seite 47.

in das bestehende System integrieren und übermitteln die Online-Aufträge an den stationä-ren Händler.[50] [51]

---

[50] http://www.sears.com/shc/s/WeeklyAdHome?storeId=10153&catalogId=12605 (Zugriff 09.11.2012)
[51] Vgl. Monse, Kurt: "E-Business Outlook 2003", Seite 4-16.

5 Fazit

Multi Channel-Strategien haben den Zweck den Kunden die Möglichkeit zu geben sich den passenden Distributionskanal aussuchen, welcher ihren Anforderungen entspricht. Die Stärken jedes einzelnen Kanals sollen in den Vordergrund zu stellen. Damit wird auf die Anforderung der Kunden, der nach Online-Absatzkanälen verlangt, reagiert. Dem Unternehmen können sich vollkommen neue Kundensegmente erschließen. Auch die bisher vorherrschenden Absatzkanäle können durch den zusätzlichen Einsatz von E-Commerce gestärkt werden.

Es wird oftmals gesagt, die Kanäle werden nebeneinander genutzt. Die Präsenz auf mehreren Kanälen heißt für ein großes Kundensegment erreichbar zu sein. Es wird ein abwandern des Kunden zu einem anderen Anbietern, welche bspw. auch online vertreiben, verhindert. Des Weiteren bieten Online-Lösungen Ansätze zur Verbesserung der Kundenzufriedenheit und der Servicequalität.

Mehrere Absatzkanäle stellen Unternehmen aber auch vor neue Herausforderungen. Seien es die komplexeren Strukturen der Unternehmung, welche die Steuerung erschweren oder die Irritationsgefahr der Kunden. Dem Kunden zusätzlich zum stationären Vertrieb E-Commerce als Absatzkanal zur Verfügung zu stellen ist nur der Anfang. Es ist von entscheidender Rolle diesen auch richtig in die Unternehmung zu integrieren und die Marketing-Instrumente auf das Mehrkanal-System abzustimmen.

Die Gefahr ist groß, dass Unternehmen sich täuschen lassen und E-Commerce als „Allheilmittel" ansehen. Der neue Absatzkanal muss zur Unternehmung und dessen Strategie passen, um erfolgreich zu sein.

Die Integrationsstrategie und die Koordination der Aufgaben der einzelnen Kanäle müssen genau festgelegt sein. Des Weiteren sollte sich jedes Unternehmen genau bewusst machen wie das E-Commerce die bestehenden Kanäle unterstützen soll.

Um die Risiken, wie zum Beispiel die Irritation der Kunden, zu umgehen, ist es wichtig, dass die Sortiments- und Preispolitik sowie der Service im stationären Vertrieb und E-Commerce-Kanal aufeinander abgestimmt sind. Auch sollten die Kanäle nicht nur nebeneinander bestehen, sondern viel mehr aktiv auf die anderen Absatzkanäle verweisen.

Anhang

Abbildung: Multi-Channel-Distribution von Nike

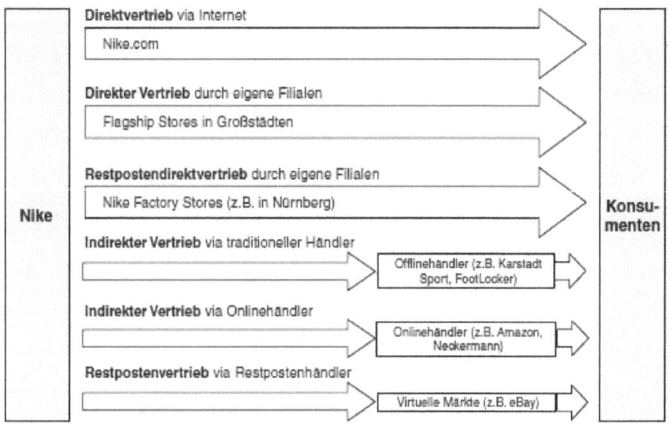

Quelle: Meffert, Heribert Burmann, Christoph/Kirchgeorg, Manfred: Marketing: Grundlagen marktorientier-ter Unternehmensführung. Konzepte - Instrumente - Praxisbeispiele , Seite 575.

Abbildung: Direkter und indirekter Absatz mittels E-Commerce

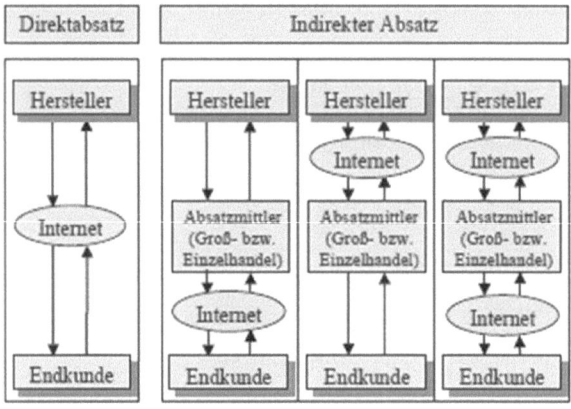

Quelle: Fritz, Wolfgang: „Internet-Marketing und Electronic Commerce", Seite 135-136.

Abbildung: Disintermediation und Reintermediation (Buchbranche)

a) Traditioneller Absatzkanal

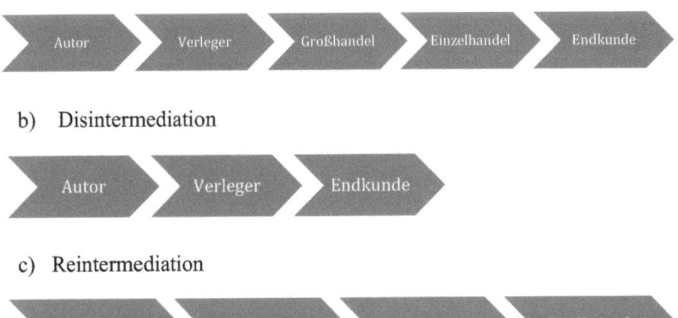

b) Disintermediation

c) Reintermediation

Quelle: Eigene Darstellung nach Fritz, Wolfgang: „Internet-Marketing und Electronic Commerce", Seite 138.

Literaturverzeichnis

Ahlert, D., & Evanschitzky, H. (2004). *Erfolgsfaktoren des Multi-Chanel-Management*. Münster: Westphälische Wilhelms Universität Münster.

Bliemel, F., Fassott, G., & Theobald, A. (2000). *Electronic Commerce* . Wiesbaden: Gabler.

Fritz, W. (2010). *Internet-Marketing und Electronic Commerce*. Wiesbaden: Gabler.

Goel, R. (2008). *E-Commerce*. New Delhi: New Age International Pvt Ltd. Publisher.

Hurth, P. D. (Januar 2002). Multi-Channel-Marketing und E-Commerce - zwischen Akionismus uns Mehrwert. *Science Factory*, S. 7-16.

Meffert, H. (2012). *Marketing: Grundlagen marktorientierter Unternehmensführung. Konzepte - Instrumente - Praxisbeispiele*. Wiesbaden: Gabler.

Merx, O., & Bachem, C. (2003). *Multichannel-Marketing-Handbuch*. Berlin: Springer.

Monse, K. (2003). E-Business Outlook 2003. *European E-Commerce Academy*, S. 4-16.

Montoya-Weiss, M., Voss, G., & Grewal, D. (2003). Determinats of Online Channel Use and Overall satisfaction With a Relational, Multichannel Provider. *Journal of the Academy of Marketing Science*, 3 (4), 448-459.

Moormann, J., Hillersheim, M., Metzler, C., & Zahn, C. (2009). *Wertschöpfungsmanagement in Banken*. Frankfurt am Main: Frankfurt School Verlag GmbH.

Moriarty, M. (Januar 1991). Die Absatzhybriden sind da. Was tun damit? *Havard Businees Manager*, S. 98ff.

Neslin, S. A. et al. (November 2006). Challenges and Opportunities in Multichannel Customer Management. *Journal of Service Reasearch*, 9(2), 95-112.

Pepels, W. (2001). *Einführung in das Distributionsmanagement*. München: Oldenbourg.

Riehm, U. (2003). *E-Commerce in Deutschland*. Berlin: edition sigma.

Rosenbloom, B. (2003). *Marketing Channels: A Management View.* Mason, Ohio: TBS.

Schögel, M. (2001). *Multi-Channel-Marketing. Erfolgreich in mehreren Vertriebswegen.* Zürich: Werd Verlag.

Sears. (kein Datum). Abgerufen am 09. 11 2012 von http://www.sears.com/shc/s/WeeklyAdHome?storeId=10153&catalogId=12605

Specht, G., & Fritz, W. (2010). *Distributionsmanagement.* Stuttgart: Kohlhammer.

Statista.de. (kein Datum). Abgerufen am 03. 11 2012 von http://de.statista.com/statistik/daten/studie/3979/umfrage/e-commerce-umsatz-in-deutschland-seit1999/

Wirtz, B. (2001). *Electronic Business.* Wiesbaden: Gabler Verlag.

Wirtz, B. (2008). *Multi-Channnel-Marketing: Grundlagen - Instrumente - Prozesse.* Wiesbaden: Gabler.